AF331609

THÉATRE DE L'OPÉRA-COMIQUE.

ANGÉLIQUE ET MÉDOR,

OPÉRA BOUFFON EN UN ACTE,

PAR MM. T. SAUVAGE ET ***.

MUSIQUE DE M. A. THOMAS.

Représenté pour la première fois, à Paris, sur le théâtre de l'Opéra-Comique,
le 10 mai 1843.

PRIX : 50 CENTIMES.

PARIS.

BECK, ÉDITEUR,

Rue Saint-André-des-Arcs, 21.

TRESSE, successeur de J.-N. BARBA, Palais-Royal.

1843.

ANGÉLIQUE ET MÉDOR,

OPÉRA BOUFFON EN UN ACTE,

PAR MM. T. SAUVAGE ET ***.

MUSIQUE

DE M. AMBROISE THOMAS,

Représenté pour la première fois, à Paris, sur le théâtre royal de l'Opéra-Comique, le 10 mai 1843.

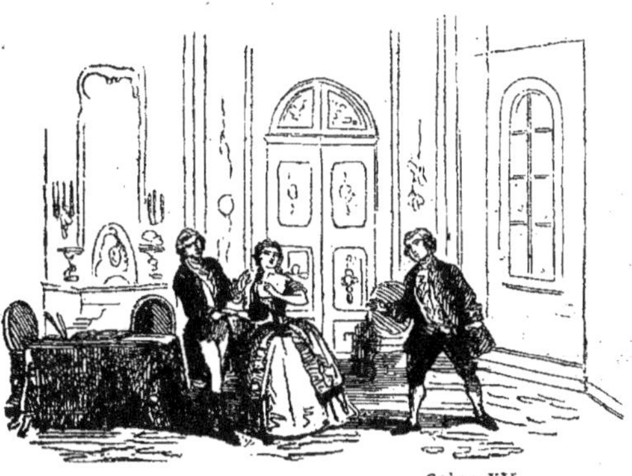

Scène XII.

PERSONNAGES.	ACTEURS.
LE DUC DE VANDIÈRES..	M. MOREAU-SAINTI.
PAUL MUGUET, artiste lyrique..................................	M. AUDRAN.
AMÉLIE, jeune cantatrice......................................	Mlle DESCOT.
MIROUFLET, cordonnier..	M. HENRI.
JOLIVEAU, secrétaire de l'administration de l'Opéra...........	M. SAINTE-FOY.

Paris. A l'Opéra, en 1780.

Le cabinet du directeur. Portes au fond et sur les côtés. Au premier plan, à gauche, Un bureau, avec cartons, papiers, et., etc.; fauteuils, chaises, etc.

SCÈNE I.

LE DUC, AMÉLIE, entrant par le fond.

LE DUC, à un valet qui le précède.

Prévenez le directeur ou le secrétaire-général que le duc de Vandières est ici... j'attendrai. (Le valet sort par la droite.) Eh bien! Amélie, vous voici à l'Académie royale de musique... persistez-vous dans votre résolution?

AMÉLIE.

Oui, Monsieur; si vous voulez bien l'approuver.

LE DUC.

Et vous êtes prête à débuter, à signer un engagement?

AMÉLIE.

Si vous y consentez.

LE DUC.

Eh! mais, mon enfant, j'hésite... Je crains
cet entourage d'auteurs, de comédiens...

AMÉLIE.

Il y en a d'aimables...

LE DUC.

Sans doute.... Méfiez-vous de votre cœur,
Amélie... la moindre atteinte portée à la con-
sidération dont je voudrais vous voir entourée,
m'offenserait, songez-y bien, si vous voulez conserver, je ne dis pas ma protection, mais
mon amitié.

AMÉLIE.

Vous avez raison, Monsieur, c'est le seul bien
dont je sois jalouse.. mais, je ne crois pas ces-
ser d'en être digne, en me vouant au théâtre...
Ma mère était artiste.

LE DUC.

Il est vrai... Bonne Angélina!

AMÉLIE.

Et elle avait su mériter l'estime générale.

LE DUC.

Je le sais... (A part.) Et ce n'est pas à moi de
lui reprocher une faute dont je fus plus coupable qu'elle... (A Amélie.) Près de mourir, elle
comprit que vous aviez un ami à qui elle devait
vous confier... elle m'écrivit; j'allai vous cher-
cher à Naples... Deux mois passés avec vous,
chère Amélie, me firent apprécier vos excel-
lentes qualités... Mais ici, il faut nous séparer...
une famille ombrageuse... mon rang, les con-
venances, nous forcent à paraître étrangers l'un
à l'autre.

ROMANCE.

Premier couplet.

En vain mon cœur gémit d'une loi rigoureuse,
Le monde, hélas! commande, on ne résiste pas.
De nommer mon enfant, quand ma bouche est heu-
(reuse,
Devant tous je me tais et te ferme les bras.
Si cette douce joie à mon ame est ravie,
Je veux, ton protecteur invisible et présent,
Au moins, pour assurer son bonheur dans la vie,
Veiller sur mon enfant.

Deuxième couplet.

AMÉLIE.

Vous avez la grandeur, vous avez la richesse,
L'éclat et les succès suivent partout vos pas.
Que pourrait donc pour vous ma stérile tendresse?
Le nom de votre enfant, ne me le donnez pas!
Mais, si venait un jour le moment des alarmes,
Si, contre tous mes vœux, le malheur vous attend!
Pour calmer vos douleurs, pour essuyer vos larmes,
Je serai votre enfant!

SCÈNE II.

AMÉLIE, LE DUC, JOLIVEAU.

JOLIVEAU, entrant avec empressement par la droite,
un portefeuille sous le bras.

Pardon, Monseigneur, pardon, Mademoi-
selle, de vous avoir fait attendre... (Il va déposer
le portefeuille sur le bureau, et revient entre le duc
et Amélie.) M. le directeur vous prie de l'excu-
ser... j'aurai l'honneur, si vous voulez bien le
permettre, de le remplacer, moi, Joliveau, secrétaire-général de l'Académie royale de musique... Ah! nous sommes dans un grand embarras!..

LE DUC.

Et pourquoi, s'il vous plaît, ce trouble, mon
cher Joliveau?

JOLIVEAU.

Comment? vous ne savez pas ce qui se passe
depuis le changement d'administration?

LE DUC.

Non, en vérité!

JOLIVEAU.

AIR.

Un nouveau directeur,
Que malgré moi j'admire,
Hélas! dans cet empire,
A tout mis en rumeur!
Nos belles n'ont plus d'armes,
Il est sourd à leurs larmes,
Aveugle pour leurs charmes,
De glace pour leurs feux!
A tous il rend justice,
Mais punit le caprice;
Il faut qu'on obéisse
Dès qu'il a dit : Je veux!
Ce nouveau directeur
Que, malgré moi, j'admire,
Hélas! dans cet empire,
A tout mis en rumeur!
Danseur, chanteur, compositeur,
Tout est embrasé de fureur!
Enfin, de tout cela, ce qu'il est résulté,
C'est que chacun s'est révolté!
Toute notre troupe en masse,
Soudain, à pris son essor :
J'ai vu partir pour la chasse
Diane et notre Castor;
Pallas, jetant son égide,
Suit un Duc en garnison;
Une petite maison
Devient le palais d'Armide!
Mars réclame du repos,
Neptune part pour les eaux!
Des énigmes du Mercure,
OEdipe fait sa lecture;
Orphée est fort enrhumé;
Phaëton s'éloigne en poste;
Achille, quittant son poste;
Chez sa tante est renfermé!
Tout au chagrin qui l'accable,
Zéphyr se plaint d'un coup d'air;
Enfin, criant comme un diable,

Pluton fait un bruit d'enfer;
  Ce nouveau directeur,
  Que, malgré moi, j'admire,
  Hélas! dans cet empire,
  A tout mis en rumeur:
Danseur, chanteur, compositeur,
  Tout est embrasé de fureur!

LE DUC.

Ainsi, mon cher Joliveau, les débuts que j'avais demandés pour Mademoiselle me semblent tout-à-fait impossibles aujourd'hui?

JOLIVEAU.

Au contraire, Monseigneur... pour prouver à nos révoltés que l'on peut se passer d'eux, nous allons monter quelques opéras ayant peu de personnages, avec des débutans... Le *Roland* de M. Piccini est de ce nombre; trois rôles: *Roland*, *Angélique* et *Médor*; Mademoiselle sait, nous a-t-on dit, *Angélique?*

AMÉLIE.

Oui, je l'avais étudié à Naples, avec...

LE DUC.

Avec?..

AMÉLIE.

Avec mon professeur.

LE DUC.

Ah! ce maître, qui a cessé de vous donner des leçons quand je suis arrivé... Et peut-être celui qui venait chanter sous vos fenêtres?

AMÉLIE, troublée.

Je ne sais.

JOLIVEAU, à part.

Hum! hum! je comprends.

LE DUC, à Joliveau.

Eh bien! et les deux autres rôles?

JOLIVEAU.

Monseigneur a été ambassadeur : il sait ce que c'est que la diplomatie... Nous avons fait quelques concessions à notre basse-taille, Legros; les basses-taille sont très sensibles aux attentions... Deux ou trois paniers de bordeaux assouplissent les voix les plus rebelles.

LE DUC.

C'est bien pour *Roland*, mais le *Médor?*

JOLIVEAU.

Ah! le *Médor!* nous l'avions... un charmant sujet... un nommé Muguet.

AMÉLIE, vivement.

Muguet!

LE DUC.

Vous le connaissez?..

AMÉLIE, hésitant.

Du tout... c'est ce nom...

JOLIVEAU.

Il est singulier, en effet, mais assez convenable pour un amoureux d'opéra. Par je ne sais quel caprice, ce monsieur, après l'audition la plus brillante... son engagement était là, tout

près... ce monsieur nous écrit hier qu'il quitte Paris, et nous voilà sans haute-contre... Mais,

«Il s'en présentera, gardez-vous d'en douter,»

Grace à l'avis que nous avons fait publier. Daignez lire, Monseigneur.

(Il lui remet une pancarte qui est sur le bureau.)

LE DUC, lisant.

« L'Académie royale de musique propose à »MM. les professeurs de chant une pension de »300 livres pour chaque sujet qu'ils fourniront, »ayant une voix décidée de haute-contre, et les »qualités ci-après : de dix-huit à vingt-trois ans; »taille de cinq pieds à cinq pieds cinq pouces.»

JOLIVEAU.

On le prendrait au-dessus ou au-dessous, si la voix était merveilleuse.

LE DUC, continuant.

» L'air agréable, ou du moins noble; sans dé-»faut ni dans les yeux, ni dans les jambes!... »

JOLIVEAU.

Voulant dire, ni louche, ni bancal... si faire se peut.

LE DUC, de même.

« Et généralement exempt de toute difformité »naturelle. »

JOLIVEAU.

Un bossu chantât-il comme Orphée!.. et encore, bien drapé...

LE DUC, tandis que Joliveau reporte la pancarte sur le bureau.

Voilà, en effet, qui est fort séduisant!

JOLIVEAU, revenant.

Aussi, je ne doute nullement de notre succès... C'est pour cela que je prie Mademoiselle de vouloir bien se mettre en état de répéter le plus tôt possible.

LE DUC.

Eh! mon Dieu! dès aujourd'hui, puisqu'elle est décidée... Je suis impatient de la voir paraître. Je ne tiens pas aux appointemens, mais je veux des égards.

JOLIVEAU.

On voit que Monseigneur a, pour Mademoiselle, un attachement bien vif.

LE DUC.

L'affection la plus tendre, la plus sincère!

JOLIVEAU.

Mademoiselle ne pouvait trouver un protecteur plus noble, plus généreux!

AMÉLIE.

Oh! c'est bien vrai... aussi je l'aime !

JOLIVEAU.

J'en suis bien persuadé... (A part.) Comme on aime à l'Opéra.

LE DUC.

Voilà qui est arrêté... Mademoiselle est de la

____
* Joliveau, Amélie, le Duc.

maison... veuillez lui désigner une loge, que vous vous chargerez de faire décorer.

JOLIVEAU.

Volontiers, Monseigneur... Voyons, laquelle? Ah! je vais conduire M. le Duc et Mademoiselle à la loge n° 8... c'est la plus agréable... on n'a pas de voisins... on est absolument seul... (Il ouvre la porte à droite, et indique le chemin.) Vous prendrez garde, M. le Duc... il fait nuit en plein jour, dans nos théâtres.

LE DUC.

C'est pour cela qu'il y arrive tant d'accidens.

(Ils sortent tous trois.)

SCÈNE III.

MIROUFLET, MUGUET, entrant par le fond.

MUGUET, courant à la porte de droite.

C'est elle! c'est bien elle!.. Amélie!

MIROUFLET.

Dis donc, ce n'est pas ici le bureau des diligences, et il me semble que tu voulais...

MUGUET, toujours près de la porte.

Je ne pars plus!

MIROUFLET.

Tu ne pars plus?.. Ah ça! mon gentil Muguet, qu'est-ce que veulent dire ces évolutions? Ce n'est pas que je sois fâché que tu me restes... au contraire... mais, mon cher ami, tu n'as pas le droit de mystifier ton ancien maître.

MUGUET, revenant vers Mirouflet.

Vous mystifier, vous, M. Mirouflet! à qui je dois tout!

MIROUFLET.

Tu ne me dois rien.... puisque je n'ai pas pu parvenir à t'inculquer mon état et à faire de toi un cordonnier quelconque, soit pour homme, soit pour femme, soit même pour le plus petit enfant... Mais enfin, si tu n'as pas l'intention de me bafouer, il faut donc que tu sois fou!

MUGUET.

Eh bien! oui, je suis fou! car je suis à la fois amoureux et artiste!

MIROUFLET.

Amoureux, c'est possible... c'est un coup de foudre contre lequel M. Franklin n'a pas encore trouvé de paratonnerre... mais, artiste? allons donc!.. Tu n'as jamais su assembler proprement un quartier et une empeigne... ce n'est pas pour t'humilier... Voyons, tirons un peu au clair ta conduite... Il y a trois jours, tu tombes dans ma boutique, rue Brise-Miche, après quatre ans d'absence... tu arrivais, disais-tu, d'Italie!

MUGUET.

Où je l'avais vue... où je lui avais donné des leçons... où je l'avais aimée... où elle m'avait promis de n'être qu'à moi; puis tout-à-coup, était

survenu son tuteur, homme dur, sévère, intraitable, à ce qu'il paraît... il fallut renoncer à la la voir; mais chaque soir j'allais chanter sous ses fenêtres, et quelquefois un mot bien doux... un billet bien tendre venait me rendre l'espoir et le courage... Enfin, j'appris un jour qu'elle était partie pour la France... je voulus la suivre...

MIROUFLET.

Bon! je ne sais pas qui, mais c'est égal... ce matin, je te vois revenir pour me faire tes adieux... tu allais retenir ta place à la diligence...

MUGUET.

Je n'avais pu la découvrir à Paris, et je pensais que, peut-être, elle était retournée à Naples... je voulais la rejoindre!

MIROUFLET.

Très-bien... je t'accompagne, vu que nous devons déjeuner en route, à la Galère... Arrivé devant l'Opéra, tu jettes un cri! je crois que ta botte te blesse, pas du tout... tu m'entraînes à travers des corridors, des escaliers...

MUGUET.

Cette jeune personne qui descendait de ce brillant équipage... c'est elle!

MIROUFLET.

Elle! tu l'as retrouvée?.. je comprends!.. Ah ça! maintenant, que viens-tu faire ici?

MUGUET.

Débuter à l'Opéra.

MIROUFLET.

Ah bah!

MUGUET.

Vous vous le rappelez: voyant que vous perdiez votre temps avec moi... toujours bon et généreux, vous me fîtes, à vos dépens, apprendre à lire et à écrire!

MIROUFLET.

Dame! tu ne pouvais pas être cordonnier, je me suis dit: Faisons-en un homme de lettres, un écrivain... et tu n'allais pas mal aux jambages.

MUGUET.

Si bien, qu'à seize ans, j'entrai comme copiste dans les bureaux de M. le comte de Clermont, qui partait pour l'ambassade de Naples... Ah! mon cher maître, vous m'avez donné peut-être la fortune, la réputation, la gloire!

MIROUFLET.

Vraiment!.. Eh bien! je t'aurai donné là un tas de choses que je ne possède pas!

MUGUET.

M. de Clermont, grand amateur de musique, voulait que toutes les personnes de sa maison cultivassent l'art qu'il adorait... il me fit donner des leçons... On vit que j'avais quelques dispositions, de la voix... Enfin, en Italie, l'influence du climat, les conseils de maîtres habiles, ont fait de moi un artiste!

MIROUFLET.

Comment, mon pauvre garçon, je serais assez

heureux !.. Tiens, j'en pleure comme une bête...
ne fais pas attention, c'est dans ma nature!

MUGUET.

Je ne puis vous prouver encore toute ma reconnaissance... mais bientôt, j'espère...

MIROUFLET.

Allons donc! ne parlons pas de ça!.. je ne dis
pas que si je pouvais me faufiler à ta suite...
dame! cordonnier de l'Opéra!.. Oh! mais, non;
c'est trop beau, il n'y faut point aspirer!

MUGUET, avec chaleur.

Je vais donc me trouver auprès d'elle!.. chanter avec elle ces duos d'amour si tendres, si pas-
sionnés... je pourrai exprimer tout ce que j'ai là,
dans le cœur!

MIROUFLET, le contemplant.

A la bonne heure! voilà de l'enthousiasme!..
voilà ce que je te demandais... Ah! ça, tu as
des affaires ici?.. je t'y laisse et je vais va-
quer aux miennes... c'est-à-dire, déjeûner... je
viendrai te reprendre... Adieu, mon artiste...
mon grand artiste! je boirai à ton succès.

(Il sort par le fond.)

SCÈNE IV.

MUGUET, seul.

AIR,

CANTABILE.

Ah! je réussirai! car la voix est docile,
　Alors qu'elle obéit au cœur!..
Le trait le plus brillant n'a rien de difficile,
　S'il doit peindre notre bonheur!

POLONAISE.

Pour plaire à ce que j'aime,
Cet art, mon bien suprême,
L'amour, l'amour lui-même
　Me l'enseigna.
Heureux en sa présence,
Bientôt ma voix s'élance
En roulade, en cadence,
　Avec éclat!
S'éloigne-t-elle, je soupire,
Et malgré moi, ma voix expire;
Avec celle qui me l'inspire.
Tout mon talent s'en va...
Je ne sais plus rien dire
Lorsqu'elle n'est plus là...
　Mais elle est là!..
Pour plaire à ce que j'aime,
Cet art, mon bien suprême,
L'amour, l'amour lui-même
　Me l'enseigna!

SCÈNE V.

JOLIVEAU, MUGUET.

JOLIVEAU, sans voir Muguet.

Ah! je tiens donc mon *Angélique*!.. Si je
pouvais mettre la main sur un *Médor*, nous se-
rions sauvés...

MUGUET, au fond.

Ah! M. Joliveau, le secrétaire général!

JOLIVEAU, de même.

Elle est très bien la protégée de M. le Duc.. il
la dévorait des yeux... comme, autrefois, je con-
templais madame Joliveau, quand elle était dans
les chœurs... Aujourd'hui, je ne la regarde que
de loin... à l'effet... comme les décorations!

MUGUET.

Il paraît fort occupé... je voudrais pourtant
bien lui parler!

JOLIVEAU, s'asseyant au bureau et se préparant à
écrire.

Ah! ça, nous disons quelque chose de ga-
lant pour la loge de Mlle Amélie!

MUGUET, à part.

Amélie! je ne me trompais pas!

JOLIVEAU, sans voir Muguet.

Une toilette, avec guipure, relevée par un
bouquet de roses... pompons!

MUGUET, s'avançant.

Monsieur!

JOLIVEAU, sans se retourner.

Je n'y suis pas!

MUGUET.

Comment?.. voilà qui est plaisant!

JOLIVEAU, de même.

Au-dessus de la glace, une colombe, qui rou-
coule, en or... en face d'un gros ramier qui
bat de l'aile, en argent... Le Duc sera sensible
à l'allégorie du ramier!

MUGUET.

Pardon, M. le secrétaire... j'ai eu l'honneur
de vous écrire, hier, que je ne pouvais accep-
ter les débuts, que vous me proposiez.

JOLIVEAU, se retournant.

Hein?.. quoi! M. Muguet!

MUGUET.

Oui, Monsieur... j'avais un projet de voyage,
mais j'ai changé d'idée... et je viens vous dire
que je suis à vos ordres.

JOLIVEAU, se levant.

A nos ordres, mon cher ami?.. c'est nous
qui sommes aux vôtres, car nous n'attendions
que vous. (A part.) J'ai mon *Médor*... j'ai, parbleu! mon *Médor*!.. (A Muguet.) J'ai plein pou-
voir de M. le directeur : non-seulement vous
êtes admis aux débuts, mais, si vous le voulez,
vous êtes attaché à l'Opéra pour trois ans!

MUGUET.

Vous m'engageriez?

JOLIVEAU.

A l'instant... signez ceci, et vous voilà premier sujet de l'Académie royale de musique !

MUGUET.

Permettez donc... (Il lit l'engagement.) Six, huit, dix mille livres !

JOLIVEAU.

Plus les feux, la pension !

MUGUET, avec chaleur.

J'accepte ! (Il signe.) Je crois rêver, en vérité !

JOLIVEAU.

Très bien ! avec paraphe !.. (Il sonne; un valet paraît, il lui remet l'engagement.) Portez ceci à M. le directeur... Il va être enchanté ! (Le valet sort.) Maintenant, vous appartenez au Roi, et le Fort-l'Évêque nous répondrait de vous, en cas de rupture ou d'évasion !

MUGUET.

Je n'ai pas envie de vous quitter, mon cher M. Joliveau !

JOLIVEAU.

J'en suis bien persuadé !.. Ah ! ça, il me reste à vous demander le nom du grand artiste qui a formé un si brillant élève... Le nom de votre maître ?..

(Mirouflet paraît au fond.)

MUGUET.

De mon maître ?.. mais...

JOLIVEAU.

De votre maître !..

●●

SCÈNE VI.

JOLIVEAU, MUGUET, MIROUFLET.

MIROUFLET, s'avançant.

Son maître ?.. Présent, le maître de Muguet... Qui est-ce qui le demande ?..

JOLIVEAU, saluant Mirouflet.

Est-il vrai ? Monsieur serait ?..

MIROUFLET.

Son maître, oui, Monsieur !.. N'est-ce pas, mon élève chéri ?

MUGUET, riant.

Certainement !.. et c'est grâce à lui que j'ai pu signer cet engagement !

JOLIVEAU, à Mirouflet.

Monsieur ?..

MIROUFLET, saluant.

Mirouflet !

JOLIVEAU.

Monsieur Mirouflet, vous avez mérité la reconnaissance de toute la France !

MIROUFLET, étonné.

Moi !..

JOLIVEAU, voulant l'embrasser.*

Permettez, grand homme !

MUGUET, à Mirouflet qui recule.

Permettez !

MIROUFLET, se laissant embrasser.

Je permets !

JOLIVEAU.

A dater de ce jour, 14 décembre 1780, vous jouissez d'une pension de trois cents livres !

MUGUET.

Comment ?

MIROUFLET, stupéfait.

Hein ! quoi ! trois cents livres ?

JOLIVEAU, donnant la pancarte à Muguet.

Vous n'avez donc pas lu ceci ?

MIROUFLET.

En voilà une tuile dorée qui me tombe sur la tête !.. Et pourquoi cette pension, sans être trop curieux... Monsieur ?..

JOLIVEAU, saluant.

Joliveau !

MIROUFLET.

M. Joliveau ! (A part.) Il est fort bien nommé ! .

JOLIVEAU.

Pour avoir donné vos soins à Monsieur !

MUGUET, après avoir lu.

Trois cents livres de pension à mon maître !..

MIROUFLET.

Comment, c'est à cause de toi ?.. Ce cher Muguet... il l'avait bien dit, que dès qu'il le pourrait... excellent cœur !

MUGUET, à part.

Ma foi, je n'en ai pas d'autre à présenter... je ne fais de tort à personne, et je lui fais du bien.

JOLIVEAU, à Mirouflet.

Et si vous vouliez vous-même nous consacrer votre talent, je vous offrirais de vous attacher à l'Opéra.

MIROUFLET.

Moi ! m'attacher à l'Opéra !.. (A part.) Cordonnier de l'Opéra ! quel honneur !

JOLIVEAU.

Hein ?.. voyons, acceptez-vous ?

MIROUFLET.

J'accepte !

MUGUET, voulant le faire rétracter.

Mais non, mais non, n'acceptez pas !

JOLIVEAU, vivement.

Oh ! j'ai sa parole !.. j'ai votre parole !.. (Les prenant tous deux sous le bras.) Ah ça ! mes chers amis, vous allez vous mettre tout de suite à *Médor*.

MIROUFLET.

Hein ? Médor ! qu'est-ce que c'est que ça ?

____

* Muguet, Joliveau, Mirouflet.

MUGUET, vivement.

Oui, sans doute... quand vous voudrez.

MIROUFLET.

Quand vous voudrez.

JOLIVEAU.

C'est qu'il s'agit de débuter promptement... nous avons une demoiselle divine pour *Angélique* !

MUGUET.

Ah ! oui, cette jeune personne qui est arrivée avant moi.

MIROUFLET.

Ah ! oui, la jeune personne !

JOLIVEAU.

Vous l'avez-vue ? hein ! quel friand morceau !

MUGUET, avec passion.

Elle est charmante ! Que je suis heureux !

JOLIVEAU.

Je le crois bien... le Duc, son protecteur, comme disent ces scélérats de grands seigneurs, le Duc n'épargnera rien pour que ses débuts aient de l'éclat... vous en profiterez !

MUGUET.

Que voulez-vous dire ? le Duc ?..

JOLIVEAU.

Eh bien ! le Duc de Vandières... il en est fou !

MUGUET.

Il se pourrait !

MIROUFLET.

Qu'est-ce que ça te fait ?

MUGUET.

Voilà donc pourquoi elle abandonnait l'Italie... la perfide ! m'oublier, me trahir !

JOLIVEAU.

Comment ! est-ce que...

MUGUET.

Oui, Monsieur ; je l'aimais, je l'adorais.. c'est pour elle, pour elle seule que je suis ici... mais à présent, je la déteste, je la méprise... je ne veux plus la voir... Déchirez mon engagement, Monsieur, je pars, je m'éloigne...

JOLIVEAU, courant après lui.

Du tout ! pas possible ! par exemple ! et mon *Médor*...

MIROUFLET, le ramenant.

Et ma pension ?

JOLIVEAU.

Et le Fort-l'Évêque ! songez-y, jeune homme, vous ne pouvez pas vous dégager !.. mais, voyons, calmez-vous... vous débuterez, vous chanterez, n'est-ce pas ?

MIROUFLET.

Tu chanteras, pour moi ?

MUGUET.

Eh bien ! oui, je resterai !.. elle entendra mes plaintes... mes reproches... je la traiterai...

MIROUFLET.

C'est cela ! ça te soulagera !

JOLIVEAU.

Ah ! mon Dieu ! voici M. le Duc avec sa protégée peut-être !

MUGUET.

Amélie ? ah ! je vais lui dire...

JOLIVEAU.

Rien, je vous prie... pas d'esclandre ici... je suis dans des transes.. (A Mirouflet.) Ne le quittez pas...

MIROUFLET.

J'ai l'œil et la main sur lui !

SCÈNE VII.

MUGUET, MIROUFLET, un peu à l'écart. JOLIVEAU, LE DUC.

LE DUC, à Joliveau.

Eh bien ! l'on vient de m'apprendre que vous aviez retrouvé votre jeune artiste ?

JOLIVEAU.

Oui, Monseigneur !.. nous avons enfin notre haute-contre !

LE DUC, montrant Muguet.

C'est ce jeune homme ?

JOLIVEAU.

Oui, M. le Duc !

LE DUC.

Il est fort bien... Et quel est ce gros Monsieur qui cause familièrement avec lui ?

JOLIVEAU.

Son maître !.. son savant professeur... M. Mirouflet, un homme rare !

LE DUC.

Ah !.. il a donc une méthode particulière ?

JOLIVEAU.

Oui, Monseigneur, et excellente, si j'en juge par son élève !

LE DUC.

Eh bien ? si je lui confiais notre débutante !

JOLIVEAU.

Hein ? ah ! oui, au maître !.. votre excellence a parfaitement raison... il a tout ce qu'il faut pour satisfaire et rassurer M. le Duc... la nature a bien fait les choses !

LE DUC.

Laissez-moi avec lui, je veux lui parler !

JOLIVEAU.

Oui, Monseigneur... (A part.) L'entrevue s'est mieux passée que je n'espérais... (A Muguet.) Si vous voulez venir, M. Muguet, je vous désignerai votre loge.

MUGUET.

Volontiers ! (A part.) Je rencontrerai peut être Amélie... et je lui ferai les reproches qu'elle mérite...

JOLIVEAU, à Mirouflet.

Demeurez, M. le Duc daigne vous accorder
une audience particulière !

MIROUFLET.

Une audience ! à moi ?.. Que me veut-il ?

JOLIVEAU, bas.

Vous employer !.. Excellente affaire..

(Il sort)

SCÈNE VIII.

MIROUFLET, LE DUC.

(Mirouflet reste à l'écart, n'osant s'approcher du
Duc. Celui-ci le regarde en riant et lui fait signe
de prendre un siège et de s'asseoir ; Mirouflet recule davantage.)

DUO.

LE DUC, à part.

Quelle tournure
Caricature !
Il est vraiment
Fort amusant !

MIROUFLET, à part.

Il m'examine !
Ma bonne mine
L'aura séduit,
Car il sourit !

LE DUC, à part.

Mais l'apparence
De l'ignorance
Cache souvent
Un vrai savant !

MIROUFLET, à part.

Comme il m'observe !
De la réserve...
Soyons prudent,
D'peur d'accident !

(Le Duc insiste pour faire asseoir Mirouflet qui
prend enfin une chaise et s'assied sur le bord ;
le Duc est dans un fauteuil.)

LE DUC.

Vous avez, nous dit-on,
A l'Opéra fait don
D'un sujet remarquable !

MIROUFLET, à part.

Prenons un air capable.

(Haut.)

Monseigneur est bien bon !

LE DUC.

Maître, vous avez donc,
A vous, une façon
Toute particulière
Pour instruire ?..

MIROUFLET.

Mais non !

Comme tout autre confrère,
Devant l'apprenti j'opère ;
Puis je lui dis : Mon garçon,
Profite de la leçon !

LE DUC.

Le système paraît bon !

MIROUFLET.

De mes conseils je l'assiste ;
Mais il est surtout un point
Duquel je veux, et j'insiste,
Que l'on ne s'écarte point !

LE DUC.

Ah ! voyons, quel est ce point ?

MIROUFLET.

C'est la mesure
Exacte et sûre !
Tout, je l'assure,
Dépend de là...
Vous comprenez fort bien cela ?

LE DUC.

Oui, je comprends très bien cela

MIROUFLET.

Vous avez été flatté
Par une forme agréable;
Mais, tout-à-coup, arrêté...
Aïe ! aïe ! aïe ! ouf ! ouf ! ah ! diable !
Gêné, blessé, vous souffrez...
Qui vous cause ce martyre ?
Vous cherchez, vous l'ignorez...
Eh bien ! je vais vous le dire :
C'est la mesure,
Qui n'est pas sûre;
Tout, je l'assure,
Dépend de là...
Vous comprenez fort cela ?

LE DUC.

C'est la mesure
Qui n'est pas sûre,
Tout , il l'assure,
Dépend de là...
Oh ! je comprends fort bien cela !
Mais, dites-moi, dans certains cas,
Le mal ne proviendrait-il pas
De quelque défaut de l'oreille ?

MIROUFLET, étonné.

C'est possible ! oui, de l'oreille,
Vous en raisonnez à merveille !
Et, presqu'autant que moi, vraiment,
Dans l'état vous êtes savant !

LE DUC.

Il faut donc réformer l'oreille ?

MIROUFLET.

Sans aucun doute !.. mais comment ?
Par la mesure,
Exacte et sûre;
Tout, je l'assure,
Dépend de là...
Vous comprenez fort bien cela ?

LE DUC.

Par la mesure,
Exacte et sûre;

Tout, il l'assure,
Dépend de là !
Oui, je comprends fort bien cela.

(Il se lève ; Mirouflet l'imite, va ranger le fauteuil
du Duc, et reste à droite.)

En peu de mots, vous m'avez fait connaître
Que vous êtes un fort bon maître ;
Auprès de vous, je le vois bien,
Tous les autres ne savent rien !
Croyez que je vous apprécie.

MIROUFLET, confus.

Monseigneur, je vous remercie.

LE DUC.

Tous discours seraient superflus,
Nous nous sommes bien entendus !

MIROUFLET, avec suffisance.

Nous nous sommes bien entendus !

ENSEMBLE.

MIROUFLET, à part.

J'ai sa pratique !
Un grand seigneur,
Que c'est flatteur !
Ah ! quel bonheur !
Ah ! quel honneur !
Que ma boutique
Resplendira,
Quand on saura
Que me voilà
De l'Opéra !

LE DUC, de même.

Dans la musique
Il est docteur !
Pour un acteur,
Ce professeur
Est un bonheur !
Notre Angélique,
De ces soins-là
Profitera
Et brillera
Dans l'Opéra !

(Le Duc sort après avoir fait un salut amical à
Mirouflet.)

SCÈNE IX.

MIROUFLET, seul.

En voilà un interrogatoire !.. Si toutes les
pratiques en faisaient subir un semblable, on
n'aurait pas le temps de piquer un point... C'est
égal, il y a plaisir à causer avec cet homme-là :
il est fort instruit, il raisonne parfaitement
chaussure... Mais, mon Dieu ! est-ce bien vrai ?
est-ce que je ne rêve pas debout ?.. Moi ! qui,
il y a une heure, bornais mes souhaits à con-
voiter la pratique des épicières de mon quartier,
chargé de chausser les plus belles voix... et les
plus jolis pieds de l'univers !

PREMIER COUPLET.

Cordonnier du grand Opéra !
Ce titre-là
Vaut la noblesse ;
Oui, plus d'une Altesse
Envira
Le cordonnier de l'Opéra !
Tra la la la la la la la !

O vous ! nymphes de Terpsychore,
Vous lui devez tous vos succès !
Vos pieds mignons, que l'on adore,
Eh bien ! c'est lui qui les a faits !
Et quand, loin de votre demeure,
S'en vont marquis humiliés,
Près de vous, admis à toute heure,
Il passe sa vie à vos pieds !

Cordonnier, etc.

DEUXIÈME COUPLET.

Que de sagesse et de prudence,
Dans cet emploi trop séducteur !
Car, de plus d'une confidence,
Un cordonnier est possesseur.
S'il était moins discret, ô femmes !
Grace à son œil observateur,
Des jarretières de nos dames,
Il pourrait dire la couleur !

(Parlant.) Oh ! mais non !..

REPRISE.

Cordonnier du grand Opéra !
Ce titre-là
Vaut la noblesse,
Et plus d'une Altesse
Envira
Le cordonnier de l'Opéra !
Tra la la la la la la la !

(Il danse sur le dernier refrain.)

SCÈNE X.

MIROUFLET, MUGUET.

MUGUET, entrant vivement.

Je n'ai pas pu me débarrasser de ce M. Joliveau pour parler à Amélie... Eh bien ! mon
cher maître, comment vous en êtes-vous tiré
avec M. le Duc ?

MIROUFLET, avec satisfaction.

Mais assez bien !

MUGUET.

Vous aviez donc compris ce dont il s'agissait ?

MIROUFLET.

Parbleu ! tout de suite.. ce n'était pas difficile... il s'agissait de le chausser !

MUGUET.

Comment ? mais non, malheureux ! vous n'ê-
tes pas cordonnier ici ?

MIROUFLET, effrayé.

Hein ? je ne suis pas ?.. ah ça ! pour qui me
prend-on, s'il vous plaît ?

MUGUET.

Pour un maître de chant!

MIROUFLET, avec indignation.

Maître de chant! tu m'humilies!.. Ah! je comprends maintenant... ton maître... 300 livres de pension! Brave garçon! bien obligé toujours!. Mais, comment diable ai-je fait pour me démêler dans cet horrible quiproquo?.. Saint Crépin a dirigé ma langue...

MUGUET.

Mais ce n'est pas tout.. le Duc vous amène sa protégée!

MIROUFLET.

Pourquoi faire?

MUGUET.

Pour lui donner des leçons de chant!

MIROUFLET, voulant partir.

Je me sauve alors!

MUGUET, le retenant.

Pas du tout! continuez comme vous avez commencé... mais tâchez d'éloigner le Duc... (Mirouflet résiste) il me faut absolument un moment d'entretien avec Amélie, si elle pouvait se justifier!.. il y va de mon repos, de ma vie!

MIROUFLET, attendri.

De ta vie, mon pauvre garçon... je me demande pas mieux... mais...

MUGUET.

Voici le Duc! je suis là, dans ce cabinet!

(Il se sauve.)

MIROUFLET.

Ecoute donc!.. (A part.) Parler musique!.. je ne pourrai jamais... moi qui n'ai donné des leçons de cet art qu'à mon sansonnet!

SCÈNE XI.

MIROUFLET, LE DUC, AMÉLIE.

LE DUC, à Amélie.

Voici ce maître habile!

(Mirouflet, très troublé, salue tour-à-tour le Duc et Amélie.)

AMÉLIE, riant, bas, au Duc.

Comment! cet homme?.. ah! ah! ah!

LE DUC.

Il produit d'abord cet effet-là... mais vous allez juger vous-même de son excellente méthode... (A Mirouflet.) Monsieur, Mademoiselle Amélie débute dans quelques jours!

MIROUFLET, à part.

Amélie, c'est ça!.. (Haut.) Mademoiselle débute... je lui en fais mon sincère compliment!.. (A part.) Et moi aussi, je débute dans les professeurs!

LE DUC.

Nous avons recours à votre talent pour la mettre en état de paraître avec avantage...

MIROUFLET, s'inclinant.

M. le Duc, certainement, votre confiance m'honore... Mademoiselle a un pied charmant (Se reprenant en riant,) Bonne recommandation auprès du public!

LE DUC.

Et une voix!..

MIROUFLET.

Ah! elle a une voix?.. Eh bien! c'est quelque chose!.. parce qu'on a beau dire... c'est encore ce que nous avons de mieux pour chanter!

LE DUC.

C'est vrai! c'est vrai! l'art ni la méthode ne peuvent remplacer l'instrument!..

MIROUFLET.

N'est-ce pas, Monseigneur?.. (A part.) Il paraît que j'ai rencontré juste!.. du courage!

LE DUC.

Il s'agirait de perfectionner sa vocalisation... les sons ne se posent pas avec assez de fermeté... vous comprenez?

MIROUFLET.

Parbleu! les sons... sont... ou plutôt, les sons ne sont pas... C'est très facile!.. (A part.) Je sue à torrens!

AMÉLIE.

Ce que je voudrais, ce serait quelques *fioritures*... C'est la mode en Italie... et en France ce serait très nouveau...

MIROUFLET, très embarrassé.

Des fioritures!.. hé! hé! ah? oui des *fioritures*... (A part.) Je ne sais pas ce que c'est!.. (Haut.) On vous en donnera des *fioritures*, tant que vous en voudrez, Mademoiselle. (A part.) Que diable ça peut-il être!..

AMÉLIE.

Cependant, quelque chose de large,

MIROUFLET.

Vous avez raison! on est bien plus à son aise, c'est comme pour les escarpins... (Se reprenant vivement.) Pardon, Monseigneur, c'est une comparaison!

LE DUC.

Je saisis parfaitement votre idée!.. (Allant s'asseoir.) Eh bien! commencez!

MIROUFLET, effrayé, à part.

Comment, il s'installe!.. et l'autre qui attend!..

LE DUC, toujours assis.

Que je ne vous gêne pas!

MIROUFLET.

Au contraire, Monseigneur, vous me gêneriez beaucoup... je ne puis donner mes leçons qu'en tête-à-tête...

LE DUC.

Vraiment! autre bizarrerie!

MIROUFLET.

Oui, lorsqu'on me regarde, ça me trouble, je perds la tête... je n'ai plus de voix... je ne

sais plus ce que je dis... j'ai l'air d'un imbécil-
le... c'est extraordinaire , n'est-ce pas?

AMÉLIE.

En effet cela est fort singulier !

MIROUFLET.

Au reste, on peut avoir confiance en moi...
je me flatte de ne pas ressembler à un séducteur.

LE DUC, le regardant en riant.

Non , sans doute !.. allons je vous laisse ,
puisque vous l'exigez !

MIROUFLET.

Je vous en prie, Monseigneur. (A part.) Je
respire !

LE DUC, à Amélie.

Faites bien, ma toute belle, ce que vous dira
ce grand maître.

MIROUFLET.

Ah ! vous me faites l'honneur de me railler !

LE DUC.

Pas le moins du monde.. et, surtout, la mesure
M. Mirouflet... la mesure !

MIROUFLET.

Oh ! pas du tout, Monseigneur! La mesure...
c'est bon pour les cordonniers !

LE DUC, riant.

Ah ! ah ! très-bien... vous plaisantez... (En
sortant.) Amélie, je suis là... je vous attends
dans ce salon.

MIROUFLET.

Ah ! diable ! (Il pousse le verrou du cabinet où
est entré le duc.) Au moins, mettons, le verrou de
peur de surprise !

AMÉLIE, étonnée.

Que faites-vous ?

SCÈNE XII.

MUGUET, AMÉLIE, MIROUFLET.

TRIO.

MUGUET, sortant vivement.

Je vous revois enfin !

AMÉLIE.

O ciel ! vous, Paul !

MIROUFLET, revenant près d'eux et les ramenant à
l'avant scène.

Silence !

Le duc est là qui vous entend !

AMÉLIE, bas, à Muguet.

Vous, dont je regrettais l'absence !

MUGUET.

Vous que j'aimais si tendrement !

MIROUFLET, bas, à tous deux.

Il s'agit bien de cela maintenant !

(Haut.)

Il faut chanter, mon écolière,

Etes-vous prête, commençons !
Et profitez de mes leçons !

(Bas, à Muguet.)

Tu me diras ce qu'il faut faire !

ENSEMBLE.

Allons, chantons, mon écolière,
Profitez bien de mes leçons.

AMÉLIE.

Oui, Monsieur, docile écolière,
J'écouterai bien vos leçons.

MUGUET, à Mirouflet.

Je vous dirai ce qu'il faut faire
Pour éloigner tous les soupçons,

MUGUET, bas, à Mirouflet.

Filez des sons !

MIROUFLET, très haut.

Filez des sons !

MUGUET, bas.

Exercice préliminaire !

MIROUFLET, haut, d'un air capable.

Exercice *préliminaire* !

MUGUET, à demi-voix, à Amélie pendant qu'elle file
des sons.

C'en est donc fait, plus d'espérance,
Et mon malheur est accompli ?
De tant d'amour, la récompense
Sera l'abandon et l'oubli.
Oh ! je comprends votre inconstance !
On doit préférer l'opulence
A l'amour pur, au noble cœur...
Au pauvre artiste, un grand seigneur ;

AMÉLIE, l'interrompant.

Que dites-vous ! fatale erreur !
Ecoutez-moi !

MIROUFLET, faisant signe que le duc peut les entendre.

Filez des sons !

ENSEMBLE.

MIROUFLET, à Amélie.

Prenez garde ! je suis sévère
Profitez bien de mes leçons !

AMÉLIE.

Oui, Monsieur, docile écolière,
J'écouterai bien vos leçons !

MUGUET.

En sa présence, il faut me taire
Et renfermer tous mes soupçons !

MIROUFLET, bas, à Muguet.

Et maintenant que faut-il faire ?

MUGUET, bas.

Ingrate !

MIROUFLET, répétant très-haut.

Ingrate !

MUGUET, bas.

Non.

MIROUFLET.

Comment !

MUGUET, bas.

Vocalisons !

MIROUFLET, faisant signe que le duc peut les entendre.

Vocanisons ! vocanisons !

AMÉLIE.

De vos soins bien mieux, peut-être,
Ici je profiterais,
Si vous vouliez, monsieur le maître,
Faire vous-même les traits.

MIROUFLET, étonné.

Qui, moi, vous faire des traits?

AMÉLIE.

Puis, je les répéterais !

(Muguet, qui a compris l'intention d'Amélie, fait
des vocalises.)

AMÉLIE, à demi-voix, à Muguet, pendant les vocalises.

Quoi ! m'accuser et sans m'entendre?
Vous, mon ami, douter de moi !
C'est offenser une âme tendre,
Qui vous garda toujours sa foi !
Oh ! croyez bien à ma constance
Eh ! que m'importe l'opulence...
Moi, je préfère un noble cœur,
Un pauvre artiste, au grand seigneur.

MUGUET, l'interrompant.

Et cependant, ce grand seigneur
Il est ici !

MIROUFLET, très haut, avec impatience et faisant signe que le duc peut les entendre.

Mon écolière,
Attention ! vocanisons!

ENSEMBLE.

MIROUFLET.

Prenez garde, je suis sévère,
Profitez mieux de mes leçons.

AMÉLIE, le comprenant.

Oui, Monsieur, docile écolière,
J'écouterai mieux vos leçons.

MUGUET, à part.

En sa présence, il faut me taire,
Et renfermer tous mes soupçons !

AMÉLIE, tandis que Muguet fait une vocalise.

Si vous saviez !...

(Elle répète le trait.)

MUGUET, pendant la vocalise d'Amélie.

Parlez ! eh bien ?

(Vocalise.)

AMÉLIE, de même.

Je ne le puis !

(Vocalise.)

MUGUET, de même.

Mauvaise excuse !

(Vocalise.)

AMÉLIE, de même.

Que pensez-vous ?

(Vocalise.)

MUGUET, de même.

C'est une ruse !

(Vocalise.)

AMÉLIE, de même.

Mon cœur constant...

(Vocalise.)

MUGUET, de même.

Je n'en crois rien !

MIROUFLET, les regardant.

Pauvres enfans !
Ah ! quels tourmens!
Ils sont charmans !
Intéressans !

(Le duc frappe à la porte. Moment de silence.)

MIROUFLET.

O ciel ! le Duc !

ENSEMBLE.

MUGUET, à demi-voix.

Faisons silence,
De la prudence !
Mais n'espèrez pas
Arrêter mon bras,
Je suivrai ses pas !

MIROUFLET.

Faisons silence !
De la prudence ;
Mais n'augmente pas ,
Par de vains éclats,
Tous mes embarras !

AMÉLIE.

De la prudence,
Faisons silence !
De mon trouble, hélas!
Ne profitez pas.
Ici point d'éclats!

(Muguet sort vivement par la gauche ; Mirouflet va
tirer le verrou. Le Duc entre.

SCÈNE XIII.

MIROUFLET, AMÉLIE, LE DUC.

LE DUC, entrant lentement et les examinant.

Très bien, très bien, M. Mirouflet.

MIROUFLET, timidement.

Ah ! Monseigneur a entendu ?

LE DUC, appuyant.

Oui ! oui, j'ai entendu... excellente leçon !..
(A Amélie.) qui paraît vous avoir vivement in-
téressée... vous êtes tout émue !

AMÉLIE, troublée.

Moi ! vous trouvez ?..

LE DUC.

Allez m'attendre au foyer... j'irai bientôt vous
rejoindre, quand j'aurai parlé à Monsieur.. Allez,
allez !..

(Amélie sort.)

SCÈNE XIV.

MIROUFLET, LE DUC.

MIROUFLET, à part.

Il n'a pas l'air enchanté. Je crois qu'il se doute de quelque chose !

LE DUC, ironiquement.

Vous possédez une charmante voix, Monsieur !

MIROUFLET, embarrassé.

Oh ! oh ! Monseigneur ! un filet, un simple
filet !

LE DUC.

Si fait, si fait... de l'étendue, de la légèreté,
de la fraîcheur...

MIROUFLET.

Vous êtes bien bon.. de la fraîcheur ! (A part.)
J'étouffe.

LE DUC, le regardant en face.

Je croyais vous avoir entendu à Naples !

MIROUFLET.

A Naples ! (A part.) Il l'a reconnu !.. (Haut.)
Je n'ai pas quitté la rue Brise-Miche !

LE DUC.

Redites-moi donc ces brillantes vocalises, que
vous exécutiez avec tant de facilité.

MIROUFLET, hésitant.

Ces *vocanises* ! mais, Monseigneur, en ce
moment, il me serait difficile...

LE DUC.

Comment ! Vous allez vous faire prier ?

MIROUFLET.

Non !. mais, en vérité, il me serait impossible,
un enrouement... Je suis enrhumé... très enrhumé, Monseigneur !

LE DUC, à part.

C'est cela ! je m'en doutais !.. (A Mirouflet.)
Ce n'est pas vous qui avez chanté tout à l'heure !..

MIROUFLET, à part.

Ah ! diable !

LE DUC, d'un ton sévère.

Vous n'étiez pas seul, ici... et la voix que j'ai
entendue n'est pas la vôtre !

MIROUFLET.

Cette voix n'est pas la mienne !

LE DUC.

Non, monsieur ! et vous allez m'apprendre, à
l'instant, quelle est la personne qui s'est trouvée
ici avec Mademoiselle Amélie ?

MIROUFLET, très troublé, et regardant la porte à
gauche.

Une personne ! je ne sais pas ce que vous
voulez dire, Monseigneur !

LE DUC, à part.

Il est là ! (Haut.) Faites-y bien attention, Monsieur ! je vous ai prié de chanter, vous m'avez
refusé...

MIROUFLET.

Un ordre du Roi cède devant un rhume !

LE DUC.

Je vous engage à parler... vous restez muet !

MIROUFLET.

Je n'ai rien à dire !

LE DUC.

Alors, j'aurai recours aux grands moyens !..
(Appelant.) Joliveau !.. (A part.) Je le forcerai
bien à se montrer !

SCÈNE XV.

MIROUFLET, JOLIVEAU, LE DUC.

JOLIVEAU, entrant et restant au fond.

M. le Duc ?

LE DUC.

Faites venir, s'il vous plaît, le sergent de
garde, pour conduire Monsieur au For-l'Évêque.

JOLIVEAU, étonné.

Au For-l'Évêque, notre professeur !

LE DUC.

Au For-l'Évêque.

MIROUFLET, très effrayé.

Au For-l'Évêque !.. nous ne badinons plus.
(A part.) C'est égal, ne cède pas, Mirouflet !.!
on veut te faire dénoncer ton pauvre enfant, si
bon, si dévoué pour toi... non ! cent fois non !
(Au Duc avec fierté et se dirigeant vers la porte du
fond.) Appelez vos satellites, et qu'on me jette
au For-l'Évêque.

SCÈNE XVI.

MIROUFLET , MUGUET , JOLIVEAU , LE DUC.

MUGUET, paraissant et retenant Mirouflet.

Demeurez, mon maître !

MIROUFLET.

Il se perd pour me sauver!

LE DUC.

Le jeune homme de ce matin !

JOLIVEAU, avec intérêt au Duc.

C'est mon *Médor* !

MIROUFLET, à Muguet.

Tu ne pouvais pas rester !

MUGUET, s'avançant vers le Duc.

Non, je ne le pouvais pas ! M. le Duc, vous frappiez l'innocent, je vous livre le coupable !

LE DUC, à Joliveau, montrant Mirouflet.

Emmenez Monsieur, et attendez mes ordres !

MIROUFLET, à Muguet, en sortant avec Joliveau.

Excellent ami !.. (Tout bas.) Tyran de Duc!.. Je vais envoyer la jeune personne à son secours !

SCÈNE XVII.

MUGUET, LE DUC.

LE DUC.

C'est donc vous, Monsieur !

MUGUET.

Oui, M. le Duc... c'est moi, qui suis aimé d'Amélie.. moi, qui l'aimais avant vous !

LE DUC, souriant.

Avant moi! en êtes vous bien sûr?

MUGUET.

Oh ! oui, Monseigneur ! alors, je ne vivais, je ne travaillais que dans une seule espérance, qui était aussi la sienne...demain, peut-être elle était réalisée.. demain, peut-être, le public allait récompenser nos travaux... je pouvais dire à la jeune fille chaste et pure : Amélie, votre dot , c'est votre talent... ma fortune est égale à la vôtre, e vous offre un soutien, dont vous n'avez pas à rougir !.. vous êtes venu, M. le Duc, et vous avez tout détruit.

LE DUC.

Je l'espère bien!.. Vous pensez, et, avec raison que je saurai mettre obstacle à des amours de coulisses !

MUGUET.

Des amours de coulisses, Monseigneur, si blâmables qu'ils puissent être , flétrissent moins que vos amours de grands seigneurs!, à nous, on se donne...à vous, on se vend !

LE DUC, à part.

Comment ?..mais, que croit-il donc ?

MUGUET.

Mais, rassurez-vous, je ne veux pas vous enlever Amélie...je ne la verrai plus !.. car , sachez le bien, M. le Duc, quoi qu'on dise dans votre monde, des gens de théâtre... quoi qu'on verse à plaisir sur eux un mépris.. qui les décourage peut-être, qui leur ôte parfois la volonté d'une vertu, à laquelle on ne croirait pas... il y a chez les artistes du cœur et de l'honneur ! j'aurais fait, pour Amélie, ce que vous ne pouvez faire... je l'aurais épousée !

LE DUC.

Il est certain que moi... cela me serait impossible !.. Ah! vous l'auriez épousée?.. Et maintenant?

MUGUET, avec fierté.

Maintenant, je ne le puis plus, je ne le veux plus !

LE DUC, avec hauteur.

Et pourquoi cela, Monsieur ?

MUGUET.

Elle est... elle ne peut être que votre maîtresse !

LE DUC, un peu ému.

Ma maîtresse! elle, Amélie!.. (Haut.) Et de quel droit, Monsieur, osez-vous m'accuser ainsi? Ne peut-on protéger une jeune fille sans la déshonorer?.. J'admets les éloges que vous donnez à la probité des artistes... Permettez-moi de réclamer, à mon tour, votre indulgence pour ceux que vous nommez les grands seigneurs, et veuillez croire qu'il existe encore quelques honnêtes gens parmi nous.

MUGUET, avec impatience.

Peut-être !..

(Mouvement du Duc. Amélie, entrée un peu avant, se précipite entre eux.)

SCÈNE XVIII.

MUGUET, AMÉLIE, LE DUC.

TRIO.

AMÉLIE.

Ah! Monseigneur, je vous implore
Pour deux coupables, en ce jour!
Car, s'il vous a dit qu'il m'adore,
Sachez qu'il a tout mon amour!

MUGUET, à part.

Tout son amour!

LE DUC, avec sévérité.

Tout votre amour!

AMÉLIE, avec passion.

Tout mon amour!

LE DUC.

Sans mon aveu, Mademoiselle !
Et savez-vous de quel retour
On pale une flamme aussi belle?

AMÉLIE, vivement.

Il m'aime, il me sera fidèle!

LE DUC.

Vous le croyez ?

MUGUET, à part.

Peine cruelle!

AMÉLIE.

Oh! j'en suis sûre... oui, son cœur est à moi!

LE DUC, lentement, les regardant alternativement.

Eh bien! eh bien! donnez-lui votre foi!

MUGUET.

Il se pourrait! elle est à moi!

AMÉLIE.

Vous consentez! (A Muguet.) Je suis à toi!

(Un moment de silence. Muguet n'ose regarder
Amélie; celle-ci attend la réponse de Muguet. Le
Duc, un peu à l'écart, les examine tous deux.)

ENSEMBLE.

LE DUC, à part.

Il hésite, il chancelle!
Cette épreuve est cruelle,
Je l'espère, l'honneur
En sortira vainqueur!

MUGUET, de même.

Que l'épreuve est cruelle!
Ce bonheur, que j'appelle,
Se présente, et mon cœur
Se brise de douleur!

AMÉLIE, de même.

Que l'attente est cruelle!
Serait-il infidèle?
Au moment du bonheur,
Je tremble de frayeur!

(A Muguet.)

Ah! terminez cette angoisse mortelle!

MUGUET.

Eloignez-vous!

AMÉLIE.

Vous fuir! pourquoi?

MUGUET.

Vous le savez... épargnez-moi!

AMÉLIE.

Un mot, un mot qui calme mon effroi!

MUGUET, avec désespoir.

Mon Amélie,
Je sacrifie
Plus que ma vie,
Tout mon bonheur!
Oh! oui, je t'aime
D'amour extrême!
Mais l'amour même
Cède à l'honneur!

Adieu!

LE DUC, qui a exprimé sa satisfaction de la résolution de Muguet, s'avance vers lui et le retient.*

Demeurez!

* Muguet, le Duc, Amélie.

MUGUET, hésitant.

Monseigneur!

LE DUC.

Vous avez refusé celle qui vous est chère,
Offerte par votre rival...
C'est un scrupule très moral.
Vous serez moins difficile, j'espère,
Quand vous la recevrez de la main de son père!

MUGUET.

Son père!.. Ah! Monseigneur, je suis à vos genoux!

LE DUC.

C'est dans mes bras que je veux son époux!
Quel moment! qu'il est doux!
Plus de pleurs, plus de plaintes;
Bannissez toutes craintes.
Aimez-vous,
Aimons-nous!

MUGUET et AMÉLIE.

Quel moment! qu'il est doux!
Plus de pleurs, plus de crainte;
Bannissons la contrainte.
Aimez-vous,
Aimons-nous!

(Le Duc unit Muguet et Amélie, quand Joliveau et
Mirouflet paraissent.)

SCÈNE XIX.

JOLIVEAU, MIROUFLET, LE DUC, MUGUET, AMÉLIE.

QUINTETTO.

JOLIVEAU.

Que vois-je? ô ciel! *Médor* embrassant *Angélique!*

LE DUC, gaîment.

Et *Roland* n'est pas furieux!

JOLIVEAU.

Tout s'arrange alors pour le mieux.

MIROUFLET, s'avançant timidement.

Heureusement, quand tout s'explique,
Serais-je donc, le seul, hélas!
A qui vous ne pardonniez pas?

(Il s'incline devant le Duc.)

LE DUC.

A mes dépens, vous plaisantiez, je crois.

MIROUFLET.

O grand Dieu! Monseigneur, qui, moi?
J'ai toujours dit de bonne foi:
C'est la mesure,
Exacte et sûre;
Tout, je l'assure,
Dépend de là!
Vous comprenez fort bien cela?

LE DUC, riant.

Oh! je comprends fort bien cela!

JOLIVEAU.

Je ne comprends rien à cela!

MUGUET et AMÉLIE.
Ah! Monseigneur , faites-lui grace!
LE DUC.
Eh bien! qu'on lui donne la place
Qui lui convient...
JOLIVEAU, avec joie, lui serrant la main.
Il restera...
MIROUFLET, fièrement.
Cordonnier du grand Opéra!

(Joliveau s'éloigne de lui avec mépris.)

TOUS.

Non, plus de courroux ,
Pardonner est si doux !
Non, plus de courroux,
Indulgence pour tous!

NOTA : L'acteur inscrit le premier est à la gauche du spectateur. Toutes les indications sont prises de la salle.

FIN.

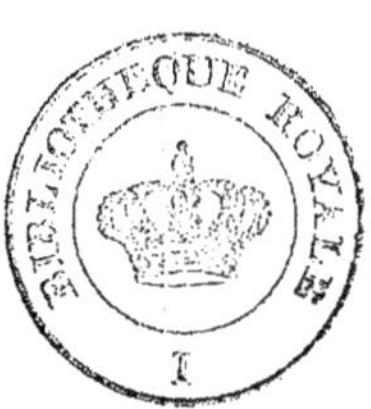

Imp. de Mme DE LACOMBE , r. d'Enghien, 12.